전 흥 준

눈길

애지시선 083

눈길

2019년 7월 29일 초판 1쇄 발행

지은이 전홍준
펴낸이 윤영진
홍 보 한천규
펴낸곳 도서출판 애지
등록 제 2005-000005호
주소 34570 대전광역시 동구 대전천북로 12
전화 042 637 9942
팩스 042 635 9941
전자우편 ejiweb@hanmail.net

ISBN 978-89-92219-84-6 03810

애지시선 083

눈길

전홍준 시집

시인의 말

첫 시집 출간이 많이 늦었다.

시집원고를 가만 들여다보니 물, 바람, 파도를 곁에 두고 살았다. 근처 바람아래나 파도리 조약돌들이 자리를 지키는 동안 긁힌 상처를 물빛이 감싸 안고 있었다.

오늘 밤에도 파도는 오래 뒤척거린다. 지난날이 남긴 허기를 뼈에 새기는 모양이다. 그렇게 새벽이 온다는 것을 알면서도 새벽은 아직도 내게 멀다. 파도소리에 씻기는 먼 별빛을 그대에게 보낸다.

2019년

전홍준

차례

제2부

제3부

제4부

제1부

김 농사

가을이 소리 없이 시들 때
아버지는 대나무를 엮어서
겨울 건져낼 준비를 한다
북서풍의 시린 바람 불어야
풍년이 든다는 김 농사
올해는 더없이 혹독한 바람으로
김이 풍년이다
비료값 농약값 건지러
바닷물에 몸 담그고 김 뜨는 아버지
아버지를 따라 김을 뜯으며
물 속
영 잊어 달라는 네가 그립다

눈길

이집 저집 기웃거리며 눈이 내린다
오늘도 나는 파출수납가방을 들고
빨간 도장밥을 찍어대다가
눈 익은 아줌마를 졸라
가외로 적금 하나를 추스렸다
오늘도 대산국밥집 아줌마는
총각, 대출이나 좀 해 줘 뭔 서류가 필요한 겨
신용보다도 보증보다도
없는 이웃 한 분 한 분 만나는 일이 반갑다고
눈은 이렇게 퍼붓는구나
몇 푼 못 건진 가방을 들고
서산 대산 가파른 살림을 밟고 돌아오는 길
아까 만났던 아줌마가 또 아는 척을 한다

틀니

용돈이니 받으시라고
봉투에 넣기도 민망한 돈을
어머니 손에 쥐어 줄 때마다
느네 살림에나 보태 쓰거라
어머니는 막무가내로 그 돈
도로 놓고 가시곤 했다

할아버지 할머니 병수발로
아플 틈이 없던 어머니
늙지도 않을 성싶던 어머니가
그 어머니가 어느 날, 나도 인자는
틀니라도 좀 해야 쓰겄다 하시는데
막상 틀니를 해 드리려니
걸칠 이가 없다
허망하게 부서져 내린
세월이 쓰라리다

어머니

뼈에 찬바람이 들어
일손이나 잡아야 잊는다며
굴 따러 간다
바위에 따닥따닥 붙어 꽉 닫힌 껍데기는
제각기 여린 것을 품고
쉽게 입 여는 법 없다
“할머니 언제 죽을 거야?”
세 살배기 손자 녀석 말에 한동안
입을 닫던 어머니

자식들 감싸던 석회질 굳은 사랑이
오늘은 또 어떤 조새질에 상처를 입었나
“가끔 전화나 좀 해라” 한마디 하시고
입을 굳게 다무신다

안면도

갯벌이 부은 얼굴로 돌아누워
등허리를 긁는 날
장벌에는 바다에서 잠깐 발을 뽑은 말장들이
빙 둘러 어깨를 기댄 채
들물에 속이 촐촐한지
꼴꼴꼴 맑은 물소리가 났다
별들이 무더기로 쏟아지는 밤마다 갯가에는
외로운 불빛들이 일찍 잠들 줄 알고
바람은 까무러칠 줄도 알아
간혹가다 목선도 그저 끄덕거릴 요량으로
궁색한 몸을 움츠리는 것이 보인다
부스스 몸을 털고
갯벌에 올라서는 사람들
서넛씩 둘씩 이 저녁
모닥불에 그리움을 묻었는가
언 손을 펴며 접으며
삭아가는 불을 쬐고 있다

추석

해마다 이맘 때 추석이면
보이지 않던 얼굴도 보이고
잊어버렸던 얼굴도 만나기 어려웠던 얼굴도
쑥스럽고 반갑게 다가와
묵은 악수를 청했다
신바람 나는 징소리 장구소리는 들리지 않아도
그래도 꼬맹이들은 즐거웠다
모처럼 떠났던 사람들
이런 때 한번 모여 얼굴이나 보자고
운동회가 열리고 동창회 동문회로
모두가 하루를 감쪽같이 보냈지만
운동장에 떨어진 만국기
코스모스 흔들리는 길을 이젠 그 누구도
고무신 벗어 벌 잡아 돌리던 기억으로
윙윙거리며 돌아오지 않았다
서울 부산 대전 인천
대도시에서 회사를 다닌다는

내 친구며 선배며 아우며 또 나이 든 어른들은
다시 콩나물 시루처럼 빽빽이
서로서로 발등을 밟아가며
왔던 것처럼 다시 배를 타고
비린내 나는 선창가를 떠났다

겨울

엄두도 못 내게 눈 내릴 때
빚 독촉에 더 추운 겨울밤
개운하게 잠들 수 없는
겨울 밤바다를 생각한다
나도 모르게 언제부턴가 청산해야 할 빚들이
오목조목 눈처럼 쌓여오는 겨울밤마다
날선 바람에 몸 비비며 다가서는
아비의 한없이 초조한 눈빛 속
겨울은 또 깊어가고 있었다

모가지만 달린
까만 김 뿌리를 손끝으로 뜯는다
살갗 아픔 다 느끼고
그제야 무감각하게 찾아오는
이 뜨거움의 손 시림
우리에게도 언제쯤
이 칼 같은 추위를 물리고

속옷 벗어 이빨로 서캐를 죽이던
따뜻하던 겨울로 다시 돌아갈 수 있을까
툭툭 낡은 빗자루로 찬 설움을 턴다
되돌아 봐야 배고픔의 긴 공복이 자리 잡을 뿐
이 그리움의 눈덩이를 굴리다 보면
그 밑에 한없이 깔려 죽고 싶은 겨울의 끝
겨울 물속에 몸담고 김을 뜯으며
영 잊어달라는 네 목소리가
살갗에 아프다

달빛

달빛은 어슬렁거리며
동네를 배회하고
방학이라서 집에 온 철규는
옥수수 스스럭거리는 소리를 일으키며
주랑지 혜숙이네 집 앞에서
들어갈까 말까 망설이고 있다
혜숙이는 할머니와 마루에 앉아서
치마 사이로 허벅지를 내놓고
할머니와 둘이 조개를 깐다
기웃거리는 달빛은 생각도 않고
조개껍데기 던지는 소리를
밤늦도록 듣고 있다

눈

간밤 도란거리던 것이 눈이 되었는지
문밖 세상을 다 덮어버렸다
마루 위에도 올라온 눈
벗어 놓은 신발 속에도 들어간 눈
눈 쓸러 나간다
가르마 빗질을 하면서
이웃집 할머니 정갈한 댓돌까지
아랫집 원익이네 삼거리까지
앞마당으로 와서는 죽가래로 죽죽 밀어서
울타리나무 앞에다
친정 온 미경이 고모의 겨울밤을
수북이 쌓아놓는다

여름밤

등멱을 하기 위해 엎드린
아버지의 더위는
얼추 잡힌 것 같다
저녁은 애호박에 열무김치
비비면 딱이다
초저녁 싸리풀에는
반딧불이 느릿느릿 오르내리고
마당에 내린 어둠 위에
밀방석을 깔았다
그 위로 쪼르르 따라 들어오는 손주들
할아버지는 다리를 깊숙이
가랑이까지 밀어 놓고
한여름 밤을 엮는다
손주의 가랑이마다 다리를 엮어
제 발 저린 다리를 골라내는 밤
키만 멀쩡한 미루나무가 뒷짐을 진 채
별자리 몇 개를 걸치고

밀방석 안을 들여다본다

열꽃

들었시요 저기 오는 성기아배 말이요 메칠 전이 병년네서 까나리액젓일 허구 동네 남정네들 모여서 옻닭을 먹었잖어 그때 성기아배두 옻 타는 줄 물르구 덜컥 먹었나벼요 옻 탈 때는 원래 똥구녕부터 살살 올러오다가 사탱이루 와서는 좆 끝에 붙으면 순식간이 확 꽃을 피운다잖여 그란디 광옥이네 성님이 수상허요 얼굴에 꽃이 피구 자꾸 속살을 긁적거리능 게 뭔 조화가 단단히 생긴 거 같으요 옻닭이야 남자들끼리만 먹었는디 과부댁이 급한 짐이 그 집 화장실이 가서 똥김을 쐰 건 분명 아닐 테구 참말루 요상스럽네 그 성님 마주치면 얼굴이 붉으족족허니 보기는 좋더구만 우덜이 물르는 꽃 피는 사연이 있었나 슬그머니 성님, 서엉님— 워디서 옻닭이라도 자셨나 물어볼까유 에이, 사람아 그런 건 물르는 체 허는 게 도와주는 겨.

바람아 불어라

바람아 불어라
미친 파도를 삼박사일만 보내다오
목숨 쫓기는 지붕 위에 바람아 불어라
잊어먹은 목소리 잊어먹은 갈증의 밑바닥을 훑으며
바람아 불어라 삼박사일만 불어라
새벽잠 깨우는 알람소리도
불빛도 희망도 땡겨 쓴 선급금도
쉴 날 없이 몸으로 버는 경매사
조마조마한 한 달 치 몸값도 잊어버리라고
바람아 불어라 삼박사일만 불어라
태풍에 지붕이 날아가든 말든
바다를 한 번씩 뒤집어 놓아야
꽃게도 오징어도 되돌아온다더라
바람아 불어라 삼박사일만 불어라

쌀썩은여

답답한 것을 다 말할 수 없다는 파도가
철썩철썩 자신을 되돌아보는 동안
쭈꾸미가 빈 그릇에
하늘을 담아 퍼 올리고 있다
안면도 앞바다 쌀썩은여* 근처에서
부서진 하늘빛 빈 그릇이
쭈꾸미 발에 걸려 올라온다
허천난 공출에 실려 올라오던 물살이
이 바위 근처에서 부서졌던가
무언가를 덮어야 하는 무리들은
쌀 뿐만 아니라 귀하고 버려서는 안 될 것까지도
바람을 핑계로 바다에 수장시켰으리라
쌀 썩은 물살에 뒤섞인
깨진 밥그릇 국그릇 술병 꽃병들이
부서진 하늘이 드러난다

* 쌀썩은여는 세곡선이 풍랑으로 암초에 부딪혀 침몰 된 후 쌀이 밀물에 떠밀려 쌓여진 것에서 유래된 지명

갑오징어

가끔은 아프고 쓰린 것이나
답답하고 분통 터지는 것들이 쌓여서
앞이 깜깜할 때 있다
슬픔을 지고 있으면
등짝이 허술해지던가
슬픈 갑상 하나 차고 있으니
만나는 사람마다 무슨 일이 있는지
이런저런 안부를 묻는다

물속의 세상이나 물 밖의 세상이나
모두 슬픔을 갑상 안에 가두고 있으면
딱딱하게 굳어지더라고
갑오징어 한 마리
물간을 기웃거리는 나에게 검은 먹물을 뿌린다

슬픔을 긁어낸 자리에
돛대를 달고 그 등짝을 배경 삼아

바람을 띄워 보낸 적 있다
흘러간 바람의 물살을 타고 온
갑오징어의 굳은살을 가만히 만져본다

달갑지 않은 말

사람 좋아 보인다는 말이 달갑지 않다
사람 좋아 보인다는 말은 좋은 말이 아니다
사람이 뒤무르면 자기 것도 못 챙기고
울타리 단속도 못하며 산다
성질도 없는 놈이라고 웃음거리밖에 못 된다
성질도 부리는 놈이 부리는 것이라니
더럽다고 피하는 똥이라도 되어야 한다
쌀 내놓으라면 쌀 퍼주고
미친 쇠고기 먹으라면 미친 쇠고기 먹고
간도 쓸개도 없이 사람 좋다는 소릴 듣느니
짐승처럼 뵈더라도 몽둥이를 들 때는 들어야 한다

제2부

사랑海

어촌계 바지락 작업에
직원 몇이서 봉사활동을 나갔다
우리가 입고 간 조끼에
'사랑海' 라고 쓴 것을 보고 어촌계장이
바지락을 캐서 망태기가 차면
'사랑해' 를 소리치라고 했다
멋쩍었던지 아무도 부르지 않다가
한참 만에 누가 사랑해 하고 소리쳤다
힘이 부치니 도와달란다
바지락들을 망에 넣고 깨끗이 씻어주었다
곁에 있던 아줌마더러 여기도 씻어줄까요 했더니
자기는 바깥양반이 있다고
혼자 된 사람이나 챙겨주라고 웃는다
멋쩍은 사랑도 익숙해지니
여기저기서 남 눈치 볼 것 없이 찾아다닌다

파도

파도는 아직도

네 안부가 궁금한가 보다

한 번쯤 끌어안고 싶었던

끝없이 뒤척이는

파도 앞에서

자꾸 네가 보고 싶다

조갯살

오일장 목전에 두고
에미는 물가에 앉아
부리로 뻘을 휘젓는다

물에 밀려서
집에 돌아오는 대로
에미는 칼끝으로 툭툭
제 살점을 파듯
조갯살을 파고 있다

살점 발린 껍질을
사내는 채곡 채곡
사철나무 곁에 버린다

삭은 껍질 한 삽 떠
젖은 길에 뿌려 본다
버려진 에미의 살점들이
아삭아삭 밟힌다

돌게

물을 따라 내려가
물 아래 밑바닥에서
돌을 뒤집는다
게들은 자기 무게만큼 등짝에 짐을 지고
집을 짓는다 짐을 뒤집으면
희끗희끗한 게 허물이 수초에 걸렸다 사라진다

허물 벗은 발톱과 껍질이 단단해지는
뻘밭 구멍이 보이고
그 구멍에 손을 집어넣으면
게가 이고 온 고통의 무게가
덥석 내 손을 잡는다
온몸이 번쩍 눈 뜬다

물갈이

물칸에 든 꽃게들
죽은 것을 빈 다라에 담는다
죽은 것을 아가리가 났다고 한다
가을꽃게는 아가리가 많다
알 품고 성장을 위해 껍질을 벗는다
껍질이 연하다 아직 때가 이르다
속이 차려면 찬 기운이 돌아야 한다
산 것들의 발놀림은
물이 부족할수록 격렬하다
죽은 것을 건져내려는 손목을 향해
집게발을 쳐든다
표가 나게 발을 내려놓은 죽은 것들을
물이 갔거나 곯아 터져버린 것들을 골라내며
산 것들의 아우성을 두 발로 이리저리 헤집는다
아직 살아있는 것들을 위하여
물칸의 물을 또 갈아 넣어야겠다

경매 전

숨이 붙어 있어도 다 활어가 아니듯
위판장에 누워있다고 다 물간 것은 아니다
턱까지 숨찬 것들은 박스에 담겨서
선어 위판장으로 가고
눈에 보이게 물간 것들도
물기라도 촉촉이 적셔주면 제법 견딘다
상자 속에 들어가 아주 물이 가기 전에
나는 촉촉한가 뒤돌아보면
건조한 내가 꼭 누군가의 입에서
한 번씩 되씹힐 것만 같다
살은 살대로 뼈는 뼈대로
산 채로 발라지고 싶은 생선들이
물 밖의 세상을 자꾸 곁눈질한다

둠벙

물 빠진 바다가 우물 하나 파 놓았다
종일 조개를 파고 돌아올 때
몸에 묻은 뻘 물 밑에 가라앉히고
간 들인 몸도 함께 가라앉아
따로 물을 쓰지 않았다
씻고 빨고 닦아야 하는 것들을
사람들은 항상 이곳에 내맡기기도 했고
바다로 나갔다 삼동네 마을 아낙들이 겨울바람에 뒤집혀
줄초상 났을 때도 바다로 생을 번 신발이
이 둠벙 속으로 떠밀려 와서
몸 대신 가라앉기도 했다

일할 때마다

어머니 입 속에서 바람소리가 난다
한사리 갯바닥을 긁거나 김장을 담그는 날이면
바람 속에 몸을 실어야 할 것들이
그렇게 많다는 듯이
입바람 소리는 끝나지 않는다
어머니 입 속에서 일어난 바람이
바람과 함께 놀고 있는지
한번 굽혔던 허리가 채 일자가 되기까지
바람은 어머니와 함께 있다
오늘도 어머니는 입바람으로 세상을 더듬는다

그 집

건장마다 비탈마다 햇볕을 기다렸다
찬바람이 들지 않도록 비닐하우스를 치고
늦장가 든 만섭이 아저씨 한겨울 추위도 잊고
남들보다 더 바삐 마을 길을 지나다녔다
새댁 아랫배노 불러오고
그 집 들여다보는 겨울 햇볕도 밝더니
건장도 비닐하우스도 다 버려두고
배부른 새댁과 함께
병원으로 달려간 만섭이 아저씨
그 새댁 끝내 못 돌아오고
만섭이 아저씨 혼자 돌아왔다
그 집 들여다보는 겨울 햇볕이 시리다

벌초

추석을 앞두고
집 떠났던 사람들이 벌초하러 간다
시래로 구뫼로 그늘미로
산속으로 돌아가신 분들을 찾아
우거진 잡목에 바짓가랑이 찢어지고
손등 이마빡 긁히며 길 내며 간다
대문집 할아버지는 그늘미에
할머니는 맞은편 구뫼에 있고
색시 얻어 신났던 만섭이 아저씨는
그 아래 시래로 건너가
벌초하는 걸 잊은 듯 오래오래
만삭의 처 봉분을 쓰다듬는다

고욤나무 밑

조개젓 담으려고 동네 아낙들
성숙이네 고욤나무 밑에서 조개를 깐다
원익오매 새창말아주매 광재오매
입담 건 기찬오매 경상도서 이사 온 경철오매까지
동네 얘기들이 앞서거니 뒤서거니 껍질을 벗는다
순서 없어도 주어 없어도 말끝을 흐려도
고욤나무는 그게 누구 얘긴지 무슨 속인지
다 알아듣는다 차마 말 못한 속까지 다 알아듣고는
고욤나무는 잎들을 가만가만 끄덕인다
그 바람 사납던 여름날 똥섬에서 배가 뒤집혀
같은 날 시아버지와 남편을 함께 잃은 무성오매 이야기나
대문집 똑똑한 상구아비가 육이오 때
그 집 어미 앞에서 붙잡혀 가
거문여 앞바다에 맷돌과 함께 수장당했다는 이야기까지
성숙이네 고욤나무 발등에는
껍질 벗은 속들이 수북수북 쌓인다

겨울 별 1

밤새 건장 앞가슴에 묻은 잔설을
빗자루로 툭툭 털어내고
못 말린 김들은
주섬주섬 햇볕 쪽으로 걸어 놓는다
해가 바뀌어 겨울 바다에는
찬 추위가 짧은 겨울 볕에 걸터앉아
시간이 삭는 겨울 햇볕을 향해
한 걸음씩 한 걸음씩 발을 옮겨 놓는 중이다
가을에 풀어놓았던 부죽*에는
어디에서 흘러와 맺힌 그리움인지
까만 점을 가슴에 매달고 몸을 풀면서
봄날 건장을 접고 햇볕 접어
말릴 것 하나도 없을 때까지
겨울 별을 지키고 있다

* 부죽 : 김양식을 위해 바다에 띄워놓는 대나무

겨울 별 2

밤새 웅크렸던 꿈들을
담벼락에 골고루 말립니다
문간에 들여놓았던
고드름 달린 언 살이 어느새 녹는지
달그락달그락 햇볕 다녀가는 소리가 납니다
애들 등록금 아내 건강도
덤으로 쪼그리고 있다가
다딕다닥 붙어서 봄날을 기다립니다

겨울밤

그만 일어나거라 김 빨러 가자
아버지와 나는 목도를 메고 바다로 간다
방파제 끝에 둥구리*를 내려놓고
아버지는 물 한 동이씩 붓는다
나는 고무래질로 맑은 물이 나올 때까지
휘젓고 비틀고 누르고 뒤집는다
물 불은 김은 넘치게 출렁거리고
출렁거리다 넘치면 아버지는 나를 탓했다
날은 춥고 귀 시리다
젖은 김 들고 겨울 별을 따라가면
먼저 도착한 겨울 별이 발을 옮긴다
햇볕 따라가며 떼어 낸 김들을
저린 콧등에 침 발라가며
온 가족이 다지금 한 뭉치씩 갠다
오금저리며 갠 숫자를 깜박깜박 잊어먹어
하루 종일 더하고 뺀 김 다발을
아버지는 조합 띠지로 밤이 깊도록 한 톳씩 묶었다

* 둥구리 : 대나무를 엮어서 만든 원통형의 통

한사리

바다 바닥을 다 드러내지 않는 조금을 넘기고
해장국집 아저씨는
엉킨 그물을 풀며 시름도 풀고 싶다
꽃게가 풍년이었을 때는
돈줄이 막혀 그물을 넣을 수 없었고
다시 까먹은 밑천을 찾아
그물을 던져 넣었던 바다
몇 년째 꼼짝 않는 물길 때문에
빚더미에 올라앉은 해장국집 아저씨
영어자금 차입금 밀린 이자들이 엉킨 그물을 털며
끈질기게 바다 속 숨은 한사리를 기다린다

제3부

달빛을 따라서

아이들은
술래 한 사람 남겨 놓고
달빛 그림자 속으로 숨는다
술래는 숨은 그림자를 찾아다닌다
달빛은 나뭇간을 기웃거리고
측간을 기웃거린다
솔가루 속에 묻혀
옆 광에서 쥐들이 탕탕탕
함석을 치고 지나가는 소리를 듣다가
쌀독이 텅 빈 바람 소리를 듣다가
딸각딸각 발장 엮는 소리를 듣다가
깜박 잠들어버린 아이 하나가
온몸에 묻은 솔잎가루를 털며
이제는 술래도 아이들도 아무도 없는
달빛 속으로 걸어나온다

나눗셈

섬 분교 4학년 나눗셈 시간
아이들은 이해할 수 없었다
지난 시간까지 큰 수를 놓고
작은 수로 나누는 것을
원칙으로 내세웠는데
선생님은 작은 수를 놓고
큰 수로 나누어보라고 하셨다
우리는 어리둥절했고
공부 잘하는 반장이 손을 들자
우리는 일제히 나눌 수 없다고 손을 들었다
선생님은 난처한 표정을 짓더니
그럼 나하고 내기를 하자 숫자로
만약 나누어지면 오늘 종례 후 나누어주는
건빵을 걸자고 하셨다
혜정이는 그날 수업도 끝나기 전
건빵 한 푸대를 가지고 집으로 돌아갔고
우리는 방과 후 씁쓸한 표정을 지으며

집으로 돌아갔다
그 시간 이후에도 우리는
작은 수를 큰 수로 나누는 것이
너무 어렵기만 했다

제비집

갯벌 오르내리던 긴 장화가
마루에 걸터앉아 있다
걸터앉은 마루 밑으론
끈 풀어진 신발 한 짝이
반쯤 일어나 햇볕 쪽을 향하고
한밤중 추위는 토방에
세숫대야와 함께 굴러다닌다
문을 열면 지붕을 받치던 천정이
털썩 힘이 빠질 듯 흔들린다
먼 길 떠나려던 연습비행의 뜨락
전신주에 귀 대고 송신을 받던 제비들은
봄이 다 가도록 돌아오지 않는다

만만한 섬

방울말* 줄기를 다듬다
재미 삼아 물집을 터뜨린다
톡톡 터지는 소리에 따라

너는 딱섬으로 장가가라
너는 픽섬으로 시집가라
너는 툭섬으로 시집가라
너는 탁섬으로 장가가라

할머니는 손주들을 앉혀놓고
물집 터질 때마다
만만한 혼처를 골라준다
말 줄기에는 아직도
픽탁툭딱 만만한 섬들이
다닥다닥 매달려 있다

* 방울말 : 바닷말, 바다에서 사는 해조류를 말한다.

솔잎

동생이 떠난 후
슬픈 것들은 마음이 애려서
떠난 마음을 다 아는지
송아지나 염소나 어미 부르는 소리를
함께 되새겼다

바람은 등살을 매고
할아버지와 함께 날린 방패연들이
뒷산을 넘어 서쪽으로 날아가곤 했다

다시 소나무 그늘로
비 오고 바람 불어서
가랑잎이 고르게 깔린다
참빗질하듯 갈퀴로
알뜰하게 찬찬하게 빗질한 솔잎
사람은 안 보이고
칡넝쿨로 엮은 솔잎짐만

혼자 걸어 나온다

솔잎 한 아름이면
밥 짓히고 소죽까지 쑨다
부엌바닥에 빗자루 깔고 앉아
솔잎 더미를 뒤적거리며
자꾸만 불이 붙는 부지깽이
불 끝을 죽인다

아궁이

시집온 지 삼십 년
때 묻은 모시적삼 한 벌 묻고
생솔가지 하나
아궁이에 군불을 지피시니
말 없는 세월이
아궁이 시커먼 굴속
어머니의 한숨과 숨결로 남아
옛 얘기를 들려준다
삼대독자 집안에 아들 낳은 일이며
막내 미순이가
농약 중독에 죽어간 일이
아무도 모르게 아궁이 속에 남아
부지깽이 끝에 채이는 불씨 속
꿍얼꿍얼 대고 일어선다

잊혀진 모습
웃지 않을 얼굴이 웃고 일어나

설설 끓는 된장 속에 뛰어들고
생솔가지 하나
어머니 굵은 손마디에 잡혀
아궁이 시커먼 굴속에 꾸물꾸물 숨는다

불면

방에 누워 있으니
물이 어느새 내 몸을 타고 있다
내 어수룩한 틈을
비집고 들어 온 게 틀림없다

술래놀이를 하자는 건가
장농 속 나뭇간 속
음침한 곳을 기웃거리며
숨은 곳을 찾아다니는가

들키고 싶지 않은 밤
그 물소리 어느새 찾아와
낮에 못한 짓 해보자고
내 옆구리 갈비뼈를 타고 있다

찾아다니며 좇아다니며
번번히 헛탕치는 물소리

밤이 다 가도록 몸 안에
물 드나드는 소리 듣는다

유년의 섬

밤이 되면 적막강산이다
아이들은 노랫소리로
반딧불이나 꼬시다가 잠들곤 했다
육지 소식은 다음 장날을
또 기다려야 하는 섬

대학생 하계봉사단이
그 섬에 찾아왔고
눈을 반짝거리는 애들과 대학생들이
멍석마당에 모여 앉아 즐기던
여름이 갔다

봉사단 떠나는 부두에
여름이 따라간다
무작정 따라가고 싶어서
선물로 주고 간 칼로
제 손을 깎는 아이도 있었다

섬을 떠나며

여기는 새마을호
긴 뱃고동을 울리며
배는 닻을 올렸다
물결은 잔잔하다
어부들이 어디론가
먹이를 찾아 떠나는 아침
섬놈은 두 달 방학을 끝내고
이젠 멀어져 가는 섬과 섬을 바라보며
섬마을 사람을 바라보며
육십만 원의 등록금을 다둑거린다

파도가 밀리어 뱃전에 부서진다
건강만 당부하던 선창가 어머니가
손짓 되어 물 위에 어려온다

제4부

내시경

속 쓰린 걸 참고 살다가
뱃속의 상처가 궁금했다
그때그때 뱉어야
상처받는 일이 없다고 한다
함부로 뱉지 못하는 탓에
상처가 자리 잡았나
상처 앉은 자리마다
입소문의 처방제가 따라 다닌다
몸조심 술조심 하면서도
상처는 왜 도지나
상처의 길을 따라 눈 뜨고 찾아가는 길
속속들이 드러나는 상처마다
건구역질이 따라 다닌다
사냥당한 짐승의 목줄기가 떠오른다
건구역질의 목줄기를 쥐고
드러나는 상처를 들여다본다

현지유통

딸 이름을 따 현지유통이라 했다
깻잎 박스에 꽈리고추 싣고
오늘도 채석포 곰섬으로 천천히 돌아다닌다
신진도 들러서는
비린 찬거리 좀 떼다 달라는 연포댁도 생각하고
풋고추에 애호박도 주문 받는다
곰섬 칼국숫집 아줌마는
이것저것 뭘 집을 눈치가 아니다
현지아빠 그 아줌마 곁에 붙어서
아줌씨 입 보면 마음도 따라가야지
뭘 그렇게 딜이다봐요
바지락이나 주문하쇼
속을 확 풀어줄 텐께
그가 물건을 내려놓는 곳은 다 현지가 된다
마음의 유통이 된다

비

무언가에 미쳐야 세상 돌아가는 일 모르고
세상일 잊을 수 있다는 듯이
취업준비로 학교공부로 한 번쯤 미쳐보는
한밤중에 비가 내린다
무엇이고 대침을 박듯 확신을 갖고 싶었던
자잘스런 분주함들 위로 후드득 후드득 비가 내린다
몇 번이나 허탕 친 젊음을 위하여
끝없이 내리고 싶다는 비
몇 날 며칠 미쳐서 쏟아붓고 싶다는 비
미친 세상을 한바탕 흔들며
한밤중에 비가 내린다

월동준비

배추밭에 들어서니
더 찰 것 없는 가을이
허리띠를 둘러맨
만삭이다

아직 날씨는 견딜 만해
잘게 깔린 서릿발이
촘촘히 깃을 세웠다

내일이나 모레는
동네 아주매들 불러서 절구통 같은
푸짐한 엉덩이를 배추밭에 심고
김장 준비를 해야겠다

무는 바람이 들지 않아야 해
우선 키보다 깊은 잠을 위해
볏짚을 깔고

무덤 같은 봉분을 덤으로 덮어야지
더 춥기 전에
겨울을 장만하는 길모퉁이마다
이상하게 날이 푹하다

기름을 닦으며

보내준 속옷으로
기름을 닦는다
외면하고 싶은 것들이
숨기고 싶은 것들이 형벌처럼
지워도 지워도 지워지지 않는다
지워내고 닦아내고 건져내도
표가 나지 않는다

닦아도 닦아도
남긴 상처는 애리다
한평생 목숨 붙여준
조개도 어부도 숨이 막힌다
맨손 맨몸이다
내 것만 살피고 살았던 죄를
오랫동안 닦아낸다

털

두 번째 항암치료 후
아내는 긴 생머리가 움푹움푹 빠지자
아예 머리를 밀고 왔다
착한 스님 한 분 오셨다고 서로 웃었다
모든 근심 내려놓으려는지
아내의 털이 다 빠져나가고
나는 밤마다 시름에 짓눌려
짧은 머리 한쪽이 항상 들떠 있었다
긴 머리를 깎을 때면
미용사더러 들뜬 머리 좀 차분히 손질해 달라고 했다
미용사는 잠버릇 때문일 거라고
한쪽으로 쏠린 털을 차분히 다듬어 주었다
짓눌린 것은 다른 한쪽을 일으켜 세우나 보다

돌아보기

여보 나 할 말 있어
아픈 아내가 나를 불러 세운다
잠깐 돌아보라고
지나가는 사소한 햇빛과 바람들이
얼마나 소중한 것들인지 돌아보라고 불러세운다
혹시나 두근거렸던 잎새들
자잘하게 깨어나고
내 것만 살핀 것 없는지 돌아보자고
불면에 듣는 수돗물의 낙수 소리
좀 잠가 달라 불러 세운다
쉽게 지나가는 것들을 듣고
따뜻한 햇볕을 느끼나 보다
불안은 지금 흘러가는 것들을 깨운다

전기공 동생

교통사고로 동생을 잃었다
손 쓸 시간과 결정을 해야 할 시간에
나는 허둥거렸다
누구를 붙들고 이 시간을 결정해야 하는가 물었다
의사가 결정을 하지 못하고
자문을 하는 누구도 함께하지 못한다는 것을
나는 깨달았다
결정해야 하는 나의 시간이 외롭다
동생을 쓸쓸히 보내고
동생의 전공인 세상에 빛을 보내는 일을 생각하다가
빛 뒤에 가려진 그늘을 생각했다
사고 바로 전 다녀왔다는
필리핀 교회 마당 앞에서 찍은
너의 웃는 모습을 바라보며,
함께 다녀온 목사가 너로 인해 따뜻했다며 함께 울었다
늘 빛을 보내면서도 그늘과 함께 했던
동생의 그늘을 쓰다듬어 본다

집어등

오징어잡이는 깜깜한 그믐으로 가야
어둠 속에서 빛을 던질 수 있다
달빛 없는 바다를 찾아 나서는 사람들
어두웠던 자신의 좌표를 찍어
가슴 속에 닫힌 시간의 얼레를 바다 깊숙이 내려놓고
담담히 반짝이는 슬픔을 낚아챈다
바다는 잠잠했으나
파도는 작은 울렁거림이 꼬리를 물고
나는 밤새 뒤척거려야 했다
내 것만 살피다 생명처럼 귀중한 것을 함부로 업신여기는 일이나
내 곁에 사랑이 얼마든지 흔들릴 수 있다는 절망 앞에
외피처럼 쓸쓸함이 함께 가라앉아 있었다
끝없이 뒤척이는 파도 앞에
어둠 속에 빛을 따라 달려드는 오징어처럼
내 것만 살피다 불빛 속으로 뛰어드는 것이
꼭 남의 일만 같지가 않다

비늘

온기를 지키기 위해
지퍼를 턱 밑까지 올린다
건어물 위판장에서 빗자루를 들고
반짝이던 비늘이 눌어붙은
바닥을 쓸어나간다
바다를 품었던 잔 비늘이
지나온 물결의 깊이를
바닥에 붙어서 두껍게 쓰다듬는다

태수오매

내 고향마을 만수동에는 태수오매가 살았는데, 마을의 신명이란 신명은 이 집 태수오매 장구소리와 추임새에서 살이 올라 잔치가 벌어졌네 마을에 궂은일이 있는지 살피고 어려운 일이 있으면 함께 문밖출입 내 일같이 해주면서 힘내라 추임새 넣었네

아리고 쓰린 맛 다 겪어서 부모 앞서가는 궂은 상에는 진양조로 함께 울어주고 내리 딸만 열을 낳은 딸부잣집 주순아비는 막걸릿잔 그득하게 따라놓고 한숨이지만, 두고 봐라 그 집에 웃음꽃 지나 살구꽃 피나, 집집마다 가족사 장단을 맞춰 가락을 짚으니, 추임새 섞인 신명이 피해갈래야 피해갈 수가 없었네

때론 둥둥 젖은 가락에 몸을 싣고 신고산이 우루루 함홍차 떠나는 소리에 발동이 걸려서 천안삼거리를 돌아저 건너 잔솔밭이 까투리 한 마리를 좇아 계룡산 넘어 전라도 지리산까지 꿩사냥을 나갔다가 후여 후여 마음에 얽힌 실타래를 풀며 동네 한 바퀴 돌아 마침내 마당으로 찾아 들어오는 사람들 부엌에 들어가는 사람들 어깨에 아리

고 쓰린 맛 함께 버무렸던 태수오매 마을 떠나자 들썩이던 어깨춤도 떠나갔네

해설

찬란한 슬픔의 고고학

이민호(시인, 문학평론가)

1. 근대문학의 종언 이후

일본 사람 가라타니 고진이 근대 문학의 종말을 꺼낸 이후 한국 문학도 덩달아 풀이 죽은 모양새다. 굳이 한국 근대문학 이입사를 입에 담지 않아도 바다 건너 온 섬나라의 고립적 사유를 늘 따라했던 습성이 있는지라 그러려니 하지만 우리 문학의 면면은 자본 논리, 혹은 처세 논리에 더욱 왜소해졌다. 마찬가지로 시의 향방은 오리무중이다.

이런 상황인데 전홍준의 시를 대하고 잠시 뭉클했다. 켜켜이 먼지 쌓인 사진첩을 무심히 꺼내 펼치고 한참을 멍하니 흘려보낸 순간처럼 그의 시는 잊었던, 아니 묻어두었던 어떤 공간 속으로 자꾸 이끌고 간다. 언뜻 미당의 『질마재 신화』에서 만났던 우습기도 하고 슬프기도 하여 먼지가 되어 부서지는 이야기가 떠오르기도 하고, 또 문득 고은의 『만인보』 속 만인은 안 되지만 백인은 될 듯한 사람들과 만나는 순간을 실감하기도 하고, 마침내 신경림의 『농무』의 시공간 속으로 회귀하게 된다.

이 낯익음은 정겹고 살갑다. 그러나 정작 첫 시집을 묶는 전홍준에게는 절망이 아닐 수 없다. 미당과 고은과 신경림의 시는 연구자의 손에서나 만지작거리는 고고학적 유물이 되었기 때문이다. 그렇다면 이제 막 문학대중과 첫사랑을 맺으려는 전홍준에게 희미한 옛사랑의 그림자를 드리울 수는 없는 일이다. 그러므로 무언가 낯선 시간을 찾아서 그의 시를 읽어야 한다.

가라타니 고진은 18세기 이후 문학은 이미 죽은 시체로 남아있을 뿐이라고 말한다. 근대적 내면성을 다 써버렸기 때문에 그렇다고. 그가 말하는 근대적 내면성이란 "한 개인이 역사와 타인들(사회)에 의해 침윤되지 않은 순수하고 본질적인 자기를 자율적으로 추구하는 내면의 공간('나'의 자기 관계)의 특성을 의미(박준상, 「문학의 종언에 대한 물음」, 『철학논총』 86집, 2016, 140쪽.)" 한다. 그의 말은 소설문학에 국한된 것이기는 하지만 시인이 사회적 주체로서 자유로운 인간 정신을 구현하지 못하는 상태에 있고 더 이상 고유한 개성을 드러낼 수 없는 지경에 이르렀다는 것이다. 달리 말하면 사회를 변화시킬 수 있는 주체로서 문학의 가능성이 상실되었음을 선고한 것이다.

이처럼 시가 가련한 안락만 추구하는 최후의 인간들의 손아귀에 넘어간 이후 그래도 시는 우리를 감동시키고 구원할 것인지 전홍준의 시에서 되묻고자 한다. 그러므로 독자대중 역시 그가 담으려는 진실은 익숙한 것에 있지 않다는 사실을 염두에 두고 그가 숨겨둔 시의 비밀을 캐내길 바란다. 그 순간 우리 모두 잃어버린 내면의 공간 속 자기와 대면하는 즐거움을 맛보게 될 것이다.

2. 물, 바람, 파도의 위상(topology)

안면도에서 배울 것이 있다. 안면도는 본래 섬이 아니었다. 바다로 돌출돼 나온 곶이었다. 고려시대부터 조세선(漕稅船)이 지나던 곳으로 암초가 많고 잦은 안개와 조수간만의 차가 심해서 유속이 빠르기로 이름이 났다. 세곡미를 실은 배가 서해를 따라 올라오다 태안반도 안흥량 쯤 이르러 난파하기 일쑤였다. 이 거친 해협을 돌아가기 위해 마침내 조선시대 안면곶에 운하를 만들어 뱃길을 열었다. 운명이 바뀐 것이다. 이후 다리로 연결되기까지 삼백여 년을 육지와 떨어진 섬으로 살았다. 고립은 삶의 불편과 고통을 안겨주었다. 그렇지만 운하는 오히려 천수만의 막힌 숨통을 터 주어 맛좋은 김양식의 터전을 열었다. 하지만 그것도 천수만 간척으로 바다를 잃어버리기 전까지다.

안면도라는 공간의 변천은 시의 운명과 닮았다. 상실과 복원의 역사를 같이 하기 때문이다. 이런 측면에서 시는 곧 공간이라 해도 무방하다. 그러므로 안면도 사람 전홍준의 시가 곧 안면도 자체라 할 수 있다. 이번 첫 시집의 공간성이다. 안면도와 더불어 묻혀버린 개별적 삶의 흔적이 전홍준의 부지런한 필경(筆耕) 속에 드러나는 것이다. 그래서 그의 시 쓰기는 일종의 고고학이라 해도 좋겠다. 물에 잠기고 바람에 휩싸였고 파도에 쓸려갔던 이름 없는 사람들의 묻혀버린 삶의 조각, 깨어진 사금파리를 발굴하는 일이며 호명이다.

답답한 것을 다 말할 수 없다는 파도가
철썩철썩 자신을 되돌아보는 동안
쭈꾸미가 빈 그릇에
하늘을 담아 퍼 올리고 있다
안면도 앞바다 쌀썩은여* 근처에서
부서진 하늘빛 빈 그릇이

쭈꾸미 발에 걸려 올라온다
허천난 공출에 실려 올라오던 물살이
이 바위 근처에서 부서졌던가
무언가를 덮어야 하는 무리들은
쌀 뿐만 아니라 귀하고 버려서는 안 될 것까지도
바람을 핑계로 바다에 수장시켰으리라
쌀 썩은 물살에 뒤섞인
깨진 밥그릇 국그릇 술병 꽃병들이
부서진 하늘이 드러난다

—「쌀썩은여」 전문

'쌀썩은여' 는 '세곡선이 풍랑으로 암초에 부딪혀 침몰된 후 쌀이 밀물에 떠밀려 쌓어진 것에서 유래된 지명' 이라 주석을 달았다. 역사적 사실의 전언이다. 그런데 시는 역사의 산물이 되어서는 안 된다. 역사가 시로 다시 태어나야 한다. 전홍준의 시선은 역사의 시간 속에서 깨어진 것들을 길어내 햇볕아래 펼쳐놓는다. 다만 늘어놓기만 한다. 그러다 말미에 한 마디 한다. "부서진 하늘이 드러난다" 고. 전홍준의 시적 고고학은 그래서 시가 된다. 안면도의 공간적 위상은 부서지고 깨어짐으로 역사에 각인돼 있다. 그것은 상흔이며 반복되는 민중 삶의 편린이기도 하다. 그 으깨어진 삶 속에서 그는 '하늘' 을 보았다. 일찍이 신동엽도 똑

같이 외쳤다. 신동엽의 외침은 경작인(耕作人)의 유토피아적 상징이나 알레고리에 머물지 않고 적극적인 탈주적 욕망을 드러낸 것이다. 반도라는 주변부에서 나와 아시아 대륙으로 질주하는 '금강' 의 상상력을 통해 고립된 민중의 고정성을 타파하고 변화와 갱신의 가능성을 제시하고 있다. 그처럼 전홍준도 고립된 섬의 고립을 깊이 인식하고 파열된 삶의 간극을 메우는 여백을 시 속에 내장하고 있다. 쌀과 사람과 하늘이 하나라는 생명의 위상을 견지하려는 시선의 발로라 할 수 있다.

갯벌이 부은 얼굴로 돌아누워
등허리를 긁는 날
장벌에는 바다에서 잠깐 발을 뽑은 말장들이
빙 둘러 어깨를 기댄 채
들물에 속이 촐촐한지
꿀꿀꿀 맑은 물소리가 났다
별들이 무더기로 쏟아지는 밤마다 갯가에는
외로운 불빛들이 일찍 잠들 줄 알고
바람은 까무러칠 줄도 알아
간혹가다 목선도 그저 끄덕거릴 요량으로
궁색한 몸을 움츠리는 것이 보인다
부스스 몸을 털고

갯벌에 올라서는 사람들
서넛씩 둘씩 이 저녁
모닥불에 그리움을 묻었는가
언 손을 펴며 접으며
삭아가는 불을 쬐고 있다

—「안면도」 전문

그 구멍에 손을 집어넣으면
게가 이고 온 고통의 무게가
덥썩 내 손을 잡는다
온몸이 번쩍 눈 뜬다

—「돌게」 부분

표가 나게 발을 내려놓은 죽은 것들을
물이 갔거나 곯아 터져버린 것들을 골라내며
산 것들의 아우성을 두 발로 이리저리 헤집는다
아직 살아있는 것들을 위하여
물칸의 물을 또 갈아 넣어야겠다

—「물갈이」 부분

시「안면도」는 전홍준의 시에서 기준이 되는 점과 같다. 그 위치는 또 다른 점(시)들과 관계를 이루며 하나의 커다

란 성좌(星座)를 이룬다. 이 별자리를 우러르며 한 편에서 다른 한 편으로 넘어가는 별들의 움직임과 같은 시의 흐름을 목도하게 된다. 그것은 시적 주체가 외부에서 내부로 횡단하는 모습이며 다시 내부에서 외부로 확장해 가는 변주의 과정이다.

안면도의 바람과 물과 파도는 별자리를 옮겨 인간의 삶 속에 스며들었다. 그래서 시 「안면도」는 정희성의 「저문 강의 삽을 씻고」나 곽재구의 「사평역에서」가 보여주었던 시적 형상화에 가 닿고 있다. 역사가 시로 승화되는 순간이다. 그 순간은 '고통의 무게'와 '산 것들의 아우성' 속에 일체감(identification)을 누리는 섬광같이 스치는 공간의 떠오름이다. 그래서 쌀 같은, 하늘 같은 인간을 끈질기게 신뢰하는 시적 주체의 면면과 만나는 공간 속으로 이끌고 있다. 이제 전홍준의 시에서 안면도는 인간을 둘러싼 자연적, 인공적 환경에 머무는 것이 아니라 의미 있는 시적 장소로 바뀌었다. 그의 시를 읽으며 우리는 상실을 치유하는 힘을 얻는다. 강력한 치유의 장소, 즉 그 공간에 대해 환기하는 체험이 이 시집에 자리하기 때문이다. 이 시집은 전홍준이 간직한 장소애(場所愛, Topophilia)의 표현이다.

3. 타자로 향하는 두 가지 길

근대문학의 종말은 역설적으로 근대적 사유에서 기인한 바가 크다. 타자를 도구로만 인식하고 다자에 대해 서슴없이 폭력을 행사했던 근대적 합리성과 실용주의적 사고 때문에 근대 문학을 표방하는 주체 역시 그 길을 걸었기 때문이다. 그런 측면에서 문학의 고유성을 견지하는 문학의 내면성, 다시 말해 문학이 구현해야하는 인간다움의 추구는 타자와의 끊임없는 관계 속에서 찾을 수밖에 없다. 문학의 종말은 곧 인간의 종말을 의미하기 때문이다. 문학의 낭만성을 부각하려는 뜻이 아니라 오히려 문학의 보편성에 따른 것이다. 이때 타자와의 관계가 자아의 집단적 지향으로 획일화되었던 때도 있었다. 그것은 한국 시문학 속에서 1920년대와 해방공간과 1980년대에 노정했던 현실적 상상력의 생경함으로 드러났다. 전홍준의 시 또한 이러한 한국 시의 한 줄기 흐름에서 자유롭지 않다. 이는 첫 시집이 담고 있는 특성이라고 할 수 있다. 누구나 선배 시인들의 영향 아래에서 자신의 시를 잉태하고 발아시키기 때문이다.

앞서 시의 장소적 공간성에서 전홍준의 시를 살폈다. 이제 그 공간 속 시적 주체와 타자를 통해 그의 시에 다가가 보자.

새벽잠 깨우는 알람소리도
불빛도 희망도 땡겨 쓴 선급금도
쉴 날 없이 몸으로 버는 경매사

—「바람아 불어라」 부분

서울 부산 대전 인천
대도시에서 회사를 다닌다는
내 친구며 선배며 아우며 또 나이 든 어른들은
다시 콩나물 시루처럼 빽빽이
서로서로 발등을 밟아가며
왔던 것처럼 다시 배를 타고
비린내 나는 선창가를 떠났다

—「추석」 부분

건장마다 비탈마다 햇볕을 기다렸다
찬바람이 들지 않도록 비닐하우스를 치고
늦장가 든 만섭이 아저씨 한겨울 추위도 잊고
남들보다 더 바삐 마을 길을 지나다녔다

—「그 집」 부분

바다로 나갔다 삼동네 마을 아낙들이 겨울바람에 뒤집혀
줄초상 났을 때도 바다로 생을 번 신발이

이 둠벙 속으로 떠밀려 와서
몸 대신 가라앉기도 했다

—「둠벙」 부분

딸 이름을 따 현지유통이라 했다
깻잎 박스에 꽈리고추 싣고
오늘도 채석포 곰섬으로 천천히 돌아다닌다
신진도 들러서는
비린 찬거리 좀 떼다 달라는 연포댁도 생각하고
풋고추에 애호박도 주문 받는다
곰섬 칼국숫집 아줌마는
이것저것 뭘 집을 눈치가 아니다
현지아빠 그 아줌마 곁에 붙어서
아줌씨 임 보면 마음도 따라가야지
뭘 그렇게 딜이다봐요
바지락이나 주문하쇼
속을 확 풀어줄 텐께
그가 물건을 내려놓는 곳은 다 현지가 된다
마음의 유통이 된다

—「현지유통」 전문

전홍준이 시선을 두고 있는 사람들은 자기 삶의 완전한

주인이 아니다. 위 시에서 나타나듯 '빚에 시달리는 어촌사람들, 전국 각지에서 고향을 등지고 살아야 하는 노동자들, 가정의 평화를 온전히 유지할 수 없는 농촌사람들'은 타자의 시선에 따라 의미를 부여 받으며, 그 죽음조차 타자의 시선에 의지해서 끝이 난다. 이들 시에서 드러나는 타자들의 절망은 현실을 바꿀 수 없는 한계상황 때문이다. 이 주체의 불가능성은 전홍준 시의 전체적 흐름이다. 이때 시적 주체는 바흐친이 말하는 '책임의 윤리성' 안에 있다. 궁극적으로 어떻게 행동해야 하는가 하는 고민이 이 시집의 주조를 이루고 있다.

더불어 해야 한다는 공동체적 감각은 시적 주체가 타인들과 전혀 무관하지 않다는 인식에서 나온다. 이것은 전홍준이 삶을 영위하는 존재증명과도 같은 것이다. 그는 안면도라는 동일한 공간 속에서 비주체적 삶이라는 동일한 사건을 공유하는 존재임을 행동으로 실천해 보이려는 의지를 담으려 한다. 시 「현지유통」에서 기획한 '마음의 유통'은 그런 측면에서 공감할 수 있다.

이 시집에서 타자로 향하는 또 하나의 길은 다음 시들에서 찾을 수 있다.

눈 익은 아줌마를 졸라
가외로 적금 하나를 추스렸다

오늘도 대산국밥집 아줌마는
총각, 대출이나 좀 해 줘 뭔 서류가 필요한 겨
신용보다도 보증보다도
없는 이웃 한 분 한 분 반나는 일이 반갑다고
눈은 이렇게 퍼붓는구나

—「눈길」 부분

살은 살대로 뼈는 뼈대로
산 채로 발라지고 싶은 생선들이
물 밖의 세상을 자꾸 곁눈질한다

—「경매 전」 부분

잊혀진 모습
웃지 않을 얼굴이 웃고 일어나
설설 끓는 된장 속에 뛰어들고
생솔가지 하나
어머니 굵은 손마디에 잡혀
아궁이 시커먼 굴속에 꾸물꾸물 숨는다

—「아궁이」 부분

상처의 길을 따라 눈 뜨고 찾아가는 길
속속들이 드러나는 상처마다

건구역질이 따라 다닌다
사냥당한 짐승의 목줄기가 떠오른다
건구역질의 목줄기를 쥐고
드러나는 상처를 들여다본다

—「내시경」 부분

깜박 잠들어버린 아이 하나가
온몸에 묻은 솔잎가루를 털며
이제는 술래도 아이들도 아무도 없는
달빛 속으로 걸어나온다

—「달빛을 따라서」 부분

앞서 타자와 만나는 길은 어떤 사건 속에서 더불어 함으로써 열려 있었다. 여기 또 다른 길은 그 사건 속 타자들의 얼굴 속에 드리워져 있다. 전홍준이 마주했던 사람들은 구체적으로 눈을 마주쳤던 국밥집 아줌마, 경매에 올려진 삶들을 비유하는 눈길, 망각 속에 사라진 어린 시절 얼굴들, 상처로 얼룩진 얼굴들, 무거운 밤 속으로 사라지는 아이들의 얼굴로 비유된다. 이 얼굴 속에 드리운 것은 고통과 상처의 흔적이다. 그는 그것을 읽어내고자 한다.

이는 레비나스가 주창했던 '새로운 주체의 정립'과 같다. 타자와 만나기 위해 자기 자리를 마련하여 타자를 들여놓는 일이다. 레비나스는 고통 속에서 나를 지각하고 나를 둘러싼 외부의 상황을 인식하게 된다고 말한다. 이 주체화되지 못한 타자성은 타자의 얼굴에서 드러난다. 앞서 바흐친이 제시했던 책임의 윤리와 내비되어 이는 타자의 얼굴을 통해 마주하는 윤리적 행위이다.

이 또 다른 타자와의 만남을 통해 우리는 미래로 향하는 가능성을 선언할 수 있다. 이 길에는 전홍준의 고독이 깊게 배어있다. 오로지 타자를 향해 살 수만은 없는 현실의 질곡이 자리하고 있기 때문이다. 그는 무거운 침묵 속에서 웅성거리고 있는 사람들 속에 자신을 가져다 놓기를 주저하지 않는다. 그것은 슬픈 일이다. 이 점이 이전 낯익은 시와 다른 그의 개별적 시세계라 할 수 있다. 시 「달빛을 따라서」에 등장하는 아이는 미래에 오는 아이처럼 전에 만나지 않았던 주체다. 타자가 조건 짓지 않은 '술래도 아이들도 아무도 없는' 새로운 삶의 가능성으로 우리를 인도한다.

4. 창조적 오해를 기대하며

해롤드 블룸은 『영향의 불안』에서 문학적 영향관계 대해 언급한다. 모든 젊은 시인은 필연적으로 강한 선배 시인의 영향을 받을 수밖에 없다. 그러나 어느 순간 그 영향 속에 포섭되어 자신이 사라지게 되는 것을 불안해한다. 이는 일종의 문학적이고 심리적인 장애라 할 수 있다. 그런데 이 불안에서 벗어나기 위해 노력하는 가운데 젊은 시인은 필연적으로 강한 선배의 시를 '잘못 읽고(misreading)', '다시 쓰게(rewriting)' 된다. 이때 젊은 시인의 독창적인 시가 만들어진다. 이를 선배 시인의 시에 대한 '창조적인 오해(misprision)' 라고 일컫는다.

전홍준은 해롤드 블룸이 말하는 젊은 시인은 아니다. 오히려 선배의 반열에 있어야 할 시인이다. 그럼에도 첫 시집에 거는 희망은 젊은 시인과 진배없다. 그래서 앞서 언급한 전홍준 시의 기시감은 오히려 창조적인 오해의 징후라 해도 좋을 것 같다. 그만의 특장을 시집 곳곳에서 발견할 수 있기 때문이다.

방에 누워 있으니
물이 어느새 내 몸을 타고 있다
내 어수룩한 틈을
비집고 들어 온 게 틀림없다

술래놀이를 하자는 건가
장농 속 나뭇간 속
음침한 곳을 기웃거리며

숨은 곳을 찾아다니는가

들키고 싶지 않은 밤
그 물소리 어느새 찾아와
낮에 못한 짓 해보자고
내 옆구리 갈비뼈를 타고 있다

찾아다니며 쫓아다니며
번번히 헛탕치는 물소리
밤이 다 가도록 몸 안에
물 드나드는 소리 듣는다

―「불면」 전문

눈길을 걸어온 전홍준의 시 속에서 마주한 시다. 잠들 수 없는 그처럼 우리도 잠들 수 없다. 분명 전홍준은 서랍 속의 시를 쓰는 시인은 아니다. 이처럼 시를 쓰는 그는 바슐라르가 말한 장롱 속의 시를 쓰는 시인이다. 그만큼 아름다운 상상의 세계로 우리를 이끌기 때문이다. 슬픔이 찬란한 이유는 죽음이 개입돼 있기 때문이다. 모란이 피기까지 기다림조차 보람 없이 무심히 걷어차고 떨어져 버린 낙화 현장에서 김영랑의 시심은 얼마나 참담하며 비감스러웠을까.

첫사랑 같은 첫 시집은 순정하기 그지없다. 누구에게나

그렇듯 다른 어떤 이물이 끼일 수 없다. 전홍준의 이번 첫 시집도 그러하리라. 그러나 첫사랑은 이루어지지 않았기에 오래도록 마음 저편에 있지 않는가. 그처럼 이후 시는 전홍준을 배반할 것이다. 반드시 그래야 한다.

애 지 시 선

002	붉디 붉은 호랑이	장석주 시집
003	붉은 사하라	김수우 시집
004	자전거 도둑	신현정 시집
005	정비공장 장미꽃	엄재국 시집
006	기차를 놓치다	손세실리아 시집
007	바람의 목례	김수열 시집
008	그리운 연어	박이화 시집
009	뜨거운 발	함순례 시집
010	정오의 순례	이기철 시집
011	그 남자의 손	정낙추 시집
012	즐거운 세탁	박영희 시집
013	구룡포로 간다	권선희 시집
014	좋은 날에 우는 사람	조재도 시집
015	여수의 잠	김열 시집
016	축제	김해자 시집
017	뜻밖에	박제영 시집
018	꽃들이 딸꾹	신정민 시집
019	안개부족	박미라 시집
020	아배 생각	안상학 시집
021	검은 꽃밭	윤은경 시집
022	숲에 들다	박두규 시집
023	물가죽 북	문신 시집
024	마늘 촛불	복효근 시집
025	어처구니 사랑	조동례 시집
026	소주 한 잔	차승호 시집
027	기찬 날	표성배 시집
028	물집	정군칠 시집
029	간절한 문장	서영식 시집
030	고장 난 아침	박남희 시집
031	하루만 더	고증식 시집
032	몸꽃	이종암 시집
033	허공에 지은 집	권정우 시집
034	수작	김나영 시집
035	나는 열 개의 눈동자를 가졌다	손병걸 시집
036	별을 의심하다	오인태 시집
037	생강 발가락	권덕하 시집
038	피의 고현학	이민호 시집
039	사람의 무늬	박일만 시집
040	기울어짐에 대하여	문숙 시집
041	노끈	이성목 시집
042	지독한 초록	권자미 시집
043	비데의 꿈은 분수다	정덕재 시집